D. (Luft) T. 4402

Netzanschlußgerät NA 4a und b
Geräte-Handbuch

Beschreibung und Wirkungsweise
sowie
Bedienung und Wartung

Mai 1941

Der Reichsminister der Luftfahrt
und Oberbefehlshaber der Luftwaffe   Berlin, den 5. Juni 1941

Generalluftzeugmeister
Nr. 25372/41 GL 3/VI

   Diese Druckschrift: D. (Luft) T. 4402 „Netzanschlußgerät NA 4a und b, Geräte-Handbuch, Beschreibung
und Wirkungsweise sowie Bedienung und Wartung",
Mai 1941, ist geprüft und gilt als Dienstanweisung.
   Sie tritt mit dem Tage der Ausgabe in Kraft.
   Durch die vorliegende Druckschrift D. (Luft) T. 4402
tritt die bisherige Werkschrift „Vorläufige Beschreibung
und Bedienungsanweisung für Netzanschlußgerät NA 4"
außer Kraft und ist zu vernichten.

                                    I. A.
                                  U d e t

Bibliografische Informationen der Deutschen Nationalbibliothek:
Die Deutsche Nationalbibliothek verzeichnet diese Publikation
in der Deutschen Nationalbibliografie; detaillierte bibliografische
Daten sind im Internet über http://dnb.dnb.de abrufbar.

© 2022 Thomas Heise
Herstellung und Verlag:
BoD - Books on Demand, Norderstedt

ISBN: 978-3-7568-2950-7

Inhalt

Abbildungen

I. Allgemeines

A. Verwendungszweck

Das Netzanschlußgerät NA4a und b besteht aus dem Hauptgerät NA4a und dem Zusatzgerät NA4b. Es ist für den Einbau in die Nachrichtenfahrzeuge der Luftwaffe bestimmt und dient folgenden Zwecken:

1. Anschluß des Fahrzeuges an 220 V Wechselstromquellen,

2. Aufteilung des Netzstromes in die drei 220 Volt Kreise für

   a) Funkgeräte FG

   b) Heizgeräte HG

   c) Transformator, mit folgenden

   5 Niederspannungsstromkreisen:

        12 Volt Beleuchtung

        12 Volt Ladung

        12 Volt Batteriestrom

        4.8 Volt Ladung (NC-Sammler)

        2 Volt Ladung (Pb-Sammler)

B. Aufbauplan

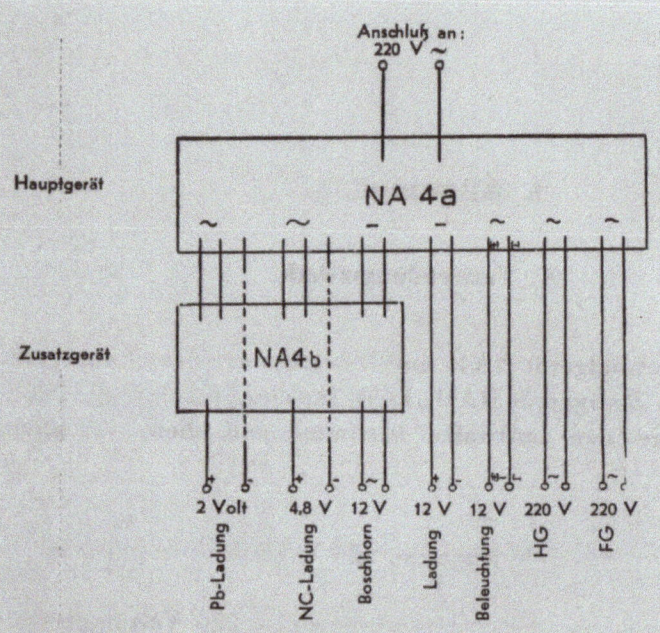

C. Technische Merkmale

1. Hauptgerät

Speisung des Gerätes	220 V, 50 Per.
Max. Heizgerätespeisung	220 V, 5 A
Max. Funkgerätespeisung	220 V, 5 A
Max. Trafo-Primärspeisung . . .	220 V, 1,7 A
Max. Beleuchtungsbelastung . . .	12 V, 15 A
Max. 12 Volt Ladestrom	8,4 A
Werkstoff der Grundplatte	Leichtmetallguß
Verdrahtung: Kupferdraht	1, 1,5 und 1,8 mm Ø.

2. Zusatzgerät:

Max. Ladestrom für NC Batterie 4,8 V	3,5 A
Max. Ladestrom für Pb Batterie 2 V	3,5 A
Max. 12 Volt Batteriestrom	6 A.

D. Maße, Gewichte und Anforderungszeichen

1. Hauptgerät:

Maße: Breite . . . . 398 mm
       Höhe . . . . 496 mm
       Tiefe . . . . 190 mm

Gewicht: . . . . 25,2 kg

Anforderungszeichen:
Netzanschluß und Ladegerät . . . . . NA4 a — Ln 27463

2. Zusatzgerät:

Maße: Breite . . . . 398 mm
       Höhe . . . . 128 mm
       Tiefe . . . . 143 mm

Gewicht: . . . . 25,2 kg

Anforderungszeichen:
Lade- und Hilfsstromgerät . . . . NA4 b — Ln 27464.

II. Beschreibung und Wirkungsweise

A. Allgemeiner Aufbau

Die Schaltteile sind auf einer Grundplatte aus Leichtmetallguß (Silumin) angebracht. Soweit sie aus Keramik bestehen, sind sie gegen die Montageplatten durch Unterlagen vor Stößen gesichert.

Die Befestigung des Zusatzgerätes am Hauptgerät erfolgt durch angegossene, gegenüberliegende Nasen, die durch Sechskantmuttern M 8 aneinandergeschraubt werden können.

Die Abdeckung der Geräte erfolgt durch zwei Blechhauben. Die Befestigung erfolgt durch unverlierbare Schrauben, die äußerlich durch rote Unterlegscheiben gekennzeichnet sind.

Die Verdrahtung ist mit Kupferdraht von 1, 1,5 und 1,8 mm ∅ ausgeführt. Die durch nicht entflammbaren Schlauch isolierten Netzspannung und N.V. Spannung führenden Drähte sind in Kabelbäumen zusammengefaßt.

Hauptgerät

Zusatzgerät

Abb. 1. Gerät NA 4a und b, geschlossen

B. Hauptgerät

1. Innerer Aufbau

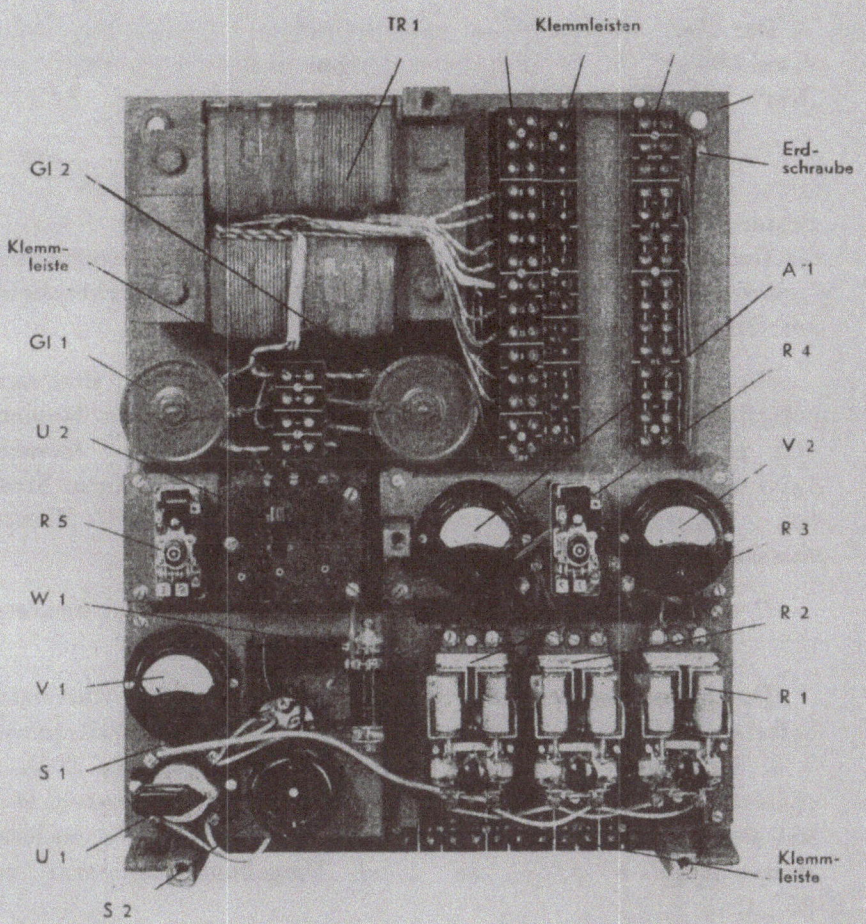

Abb. 2. Hauptgerät NA 4a, offen

Der Gerätestecker S 1 mit Schutzkontakt Nennstrom 10 A bewirkt unmittelbar vor dem Anschluß der Netzspannung die Einführung des Nulleiters in das Gerät, wo er an die Grundplatte gelegt ist. Da das Gerät außerdem geerdet ist, wird es unter allen Umständen berührungssicher.

Der Hauptschalter U 1 ist ein zweipoliger Paketschalter, Nennstrom 10 A. Er ist in beiden Richtungen schaltbar und besitzt zwei „Ein"- und „Aus"-Stellungen.

Der Netzspannungsmesser V 1 besteht aus einem Drehspulinstrument und einem getrennt montierten Kupfer-Oxydul-Gleichrichter mit Vorwiderständen. Der Meßbereich beträgt 0—260 V, die Genauigkeit 1,5% des Vollausschlages. Der Betriebsspannungsbereich von 190—240 V ist durch einen blauen Sektor gekennzeichnet. Die Ausführung ist schüttelfest.

Die Sockelautomaten R 1, R 2, R 3, Nennstrom 5 A, sind zweipolige Überstromschalter mit einer elektromagnetischen Moment- und einer zeitabhängigen Überstrom-Auslösung. Die Momentauslösung muß bei 4fachem Nennstrom erfolgen. Bei einem Strom von 6,5 A muß die Überstrom-Auslösung in spätestens 10 Minuten ausschalten.

Der Transformator TR 1 ist für 350 VA Primärleistung bemessen und als zweispulige Kerntype ausgeführt.

Die Selbstschaltereinsätze R 4, R 5 sind einpolige Überstrom-Selbstschalter mit thermischer Auslösung. Der Selbstschaltereinsatz R 4, Nennstrom 10 A, muß bei einer Belastung von 20 A in spätestens 2 Minuten, der Selbstschaltereinsatz R 5, Nennstrom 15 A, bei einer Belastung von 23 A in spätestens 10 Minuten auslösen. Diese Angaben gelten bei einer Umgebungstemperatur von 35° C.

Der Strommesser A 1 ist ein Drehspulinstrument mit angebautem Nebenwiderstand, Meßbereich 0—15 A, rote Marke bei 8 A. Die Genauigkeit beträgt 1,5% vom Vollausschlag. Die Ausführung ist schüttelfest.

Das **Ladevoltmeter V 2** ist ebenfalls ein Drehspulinstrument, Meßbereich 0—20 V. Die Batterie-Leerlaufspannung 12 V ist durch einen roten Strich, der Ladespannungsbereich von 11—16 V durch einen blauen Sektor gekennzeichnet. Die Ausführung ist schüttelfest.

Die **Selengleichrichter Gl 1 u Gl 2** sind in Graetzschaltung angeordnet. Sie bestehen aus zwei Gruppen zu je 14 Plattenelementen, wovon immer je sieben parallel geschaltete Elemente einen Zweig der Schaltung bilden. Jede Gruppe hat eine Wechselstromzuleitung (grün-gelb) und zwei Gleichstromanschlüsse (rot-blau). Die gleichpoligen Anschlüsse beider Gruppen sind an der Klemmleiste 4 zusammengeführt. Es ist so zu jeder Zeit eine leichte Auswechslungsmöglichkeit für die Gleichrichter vorhanden. Die Gleichrichter sind bei einer Gleichspannung von 12 V mit 8,4 A maximal belastet. Da die Ladespannung meist etwas höher liegt, ist die zulässige Gleichstromentnahme mit 8 A bei einer Umgebungstemperatur von 35° C festgelegt. Die Ausführung ist feuchtigkeitssicher.

2. Schaltung

Der Anschluß des Wechselstromnetzes von 220 V, 50 Perioden, erfolgt über einen Gerätestecker S 1 von 10 A Nennstrom. Mit dem zweipoligen Einbau-Paketschalter U 1 wird die Betriebsnetzspannung an die folgenden parallel geschalteten Netzstromkreise gelegt und mit dem Spannungsmesser V 1 überwacht:

a) Stromkreis für die Speisung der Funkgeräte,

b) Stromkreis für die Speisung der Heizgeräte und der parallel liegenden Steckdose S 2,

c) Primär-Stromkreis des Transformators TR 1 für Ladestromkreise und Beleuchtung.

Alle drei Stromkreise sind durch zweipolige Sockel-Automaten R 1, R 2, R 3 auf 5 A abgesichert. Der Transformator TR 1 hat außer der Primärwicklung für 220 V vier Sekundärwicklungen für die Speisung der folgenden Beleuchtungs- und Ladestromkreise:

a) Wicklung für 12 V Wechselstrom-Beleuchtung,

b) Wicklung für 12 V Ladung (Pb-Sammler),

c) Wicklung für 4,8 V Ladung (NC-Sammler),

d) Wicklung für 2 V Ladung (Pb-Sammler).

Der **12 V Beleuchtungsstromkreis** ist mit einem einpoligen Selbstschaltereinsatz R 5 auf 15 A abgesichert. Um beim Fehlen eines Netzanschlusses Spannung zu haben, ist ein dreipoliger Kippschalter U 2 vorgesehen, der es erlaubt, im Notfall auf die 12 V Batterie umzuschalten (Notbetrieb!).

a) Beleuchtung bei vorhandener Netzspannung:
Kippschalter in Stellung „Netz", Speisung der ~ Beleuchtung erfolgt aus der Trafowicklung.

b) Beleuchtung bei zeitweilig ausbleibender oder fehlender Netzspannung:
Kippschalter U 2 in Stellung „Not", Speisung der — Beleuchtung erfolgt aus der 12 V Batterie. Bei Einsetzen der Netzspannung zieht das Relais R 6 an und unterbricht den Gleichstrom-Beleuchtungs-Stromkreis. Nach Umschalten des Kippschalters U 2 auf Stellung „Netz" Betrieb wie unter a).

Der **12 V Ladestromkreis** dient der Ladung eines 12 V Bleisammlers von 105 Ah. Die Gleichrichtung der Trafo-Wechselspannung erfolgt durch zwei Selengleichrichter Gl 1 u Gl 2 in Graetzschaltung Der Ladestrom wird durch den Selbstschaltereinsatz R 4 auf 10 A begrenzt. Zur Überwachung des Ladestromes ist in die Plusleitung der Strommesser A 1 gelegt. Zur Überwachung der Ladespannung ist hinter den Selbstschaltereinsatz R 4 und den Strommesser A 1 der Spannungsmesser V 2 geschaltet. Bei unterbrochener oder abgeschalteter Ladung zeigt der Spannungsmesser V 2 also die Batterie-Leerlaufspannung an. Durch häufiges Laden des Pb-Sammlers altern die Gleichrichter Gl 1 und Gl 2 und sinken Ladespannung und Ladestrom. Die Alterung der Gleichrichter Gl 1 und Gl 2 ist durch Erhöhung der Betriebsspannung auszugleichen.

Hierzu wird der grün-gelb geschlängelte und von rechts unten an die Klemmleiste 1 herangeführte Schaltdraht auf die nächsthöhere Spannung (12, 13, 14, 15 V) umgesteckt. Die Feineinstellung des Ladestroms erfolgt durch den einstellbaren Widerstand W 1 (Endwert 0,06 Ohm).

C. Zusatzgerät

1. Innerer Aufbau:

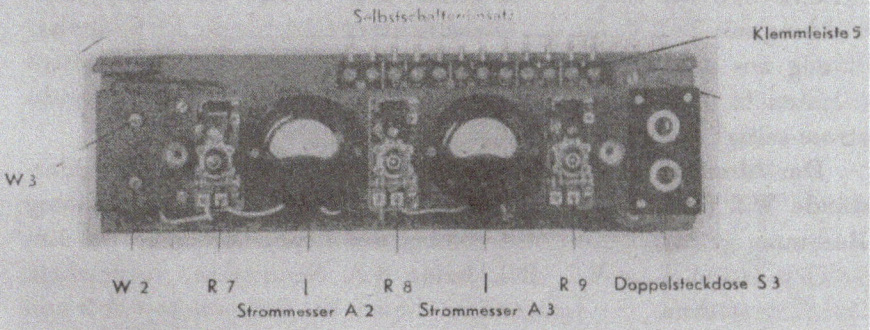

Abb. 3. Zusatzgerät NA 4b, offen

Die Selbstschaltereinsätze R 7, R 8, R 9 sind von der gleichen Ausführung wie diejenigen des Hauptgerätes. R 7 und R 8, Nennstrom 4 A, lösen bei einer Belastung von 8 A, R 9, Nennstrom 6 A, bei einer Belastung von 12 A innerhalb 2 Minuten aus.

Die Selengleichrichter Gl 4 u Gl 5 bestehen aus je einer Gruppe zu 8 Plattenelementen, von denen immer 4 parallel geschaltet einen Zweig der Gegentaktschaltung bilden. Da die Gleichrichter z. T. eine höhere Ladespannung als 4 V liefern, sind die Ladeströme mit 3,5 A max. festgelegt. Die Ausführung ist feuchtigkeitssicher.

Die einstellbaren Vorschaltwiderstände W 2 und W 3 sind in emailliertem Kupferdraht ausgeführt. W 2 hat 0,3 Ohm und ist mit 4 Watt belastet. W 3 hat 0,4 Ohm und ist mit 5 Watt belastbar.

Die **Strommesser A 2 und A 3** sind Drehspulinstrumente, Meßbereich 0—6 A, mit roter Marke bei 3,5 A. Die notwendigen Nebenwiderstände sind eingebaut. Die Genauigkeit beträgt 1,5% des Vollausschlages. Die Ausführung ist schüttelfest.

2. Schaltung

Das Zusatzgerät kann durch zehn Reihenklemmen in Klemmleiste 5 und entsprechende Kontaktstifte an das Hauptgerät angeschlossen werden. Dadurch werden alle Verbraucher- und Speiseleiter mit dem Zusatzgerät verbunden. Die Speisung des Gleichrichters Gl 5 für die NC Sammlerladung erfolgt aus der Trafowicklung mit 2×5 V, die des Gleichrichters Gl 4 für die Pb Sammlerladung aus der Trafowicklung mit 2×2,5 V. Beide Gleichrichter arbeiten in Gegentaktschaltung und sind für 4 V und 4 A (Gleichstrom-seitig) bemessen.

Der Alterung der Gleichrichter wird durch die regelbaren Widerstände W 3 für NC Sammlerladung und W 2 für Pb Sammlerladung Rechnung getragen. Zur Begrenzung der Ladeströme sind die einpoligen Automaten R 7, R 8, beide 4 A Nennstrom, vorgesehen. Zur Überwachung der Ladeströme dienen die Strommesser A 2 und A 3.

Die Minusleitungen beider Gleichrichter sind nicht durch das Zusatzgerät verlegt, sondern führen direkt von den Mittelanzapfungen des Trafo (0) an Klemmleiste 1 zu den Minusklemmen der Batterieanschlüsse an Klemmleiste 2.

Der Boschhorn-Anschluß und die Doppelsteckdose S 3 erhalten ihre 12 V Gleichspannung aus dem Ladestromkreis des Hauptgerätes. Sie sind mit einem Selbstschaltereinsatz R 9 Nennstrom 6 A einpolig abgesichert.

III. Bedienung und Wartung

A. Anschluß im Fahrzeug

Das Gerät kann nur mit abgenommener großer Blechhaube im Wagen montiert werden: bei den Arbeiten ist besonders auf die eingebauten, empfindlichen zweipoligen Überstromschalter R 1, R 2, R 3 Rücksicht zu nehmen.

Das Gerät wird mit 4 Flachrundschrauben an der Wagenwand befestigt. Eine Flachrundschraube muß Masseverbindung mit dem Fahrzeug haben.

Hierauf werden die Kabel der Verbraucher an die Klemmleisten 2 und 3 angeschlossen, und zwar:

1. Kabel von Heizgeräten an Klemmen HG.
2. Kabel von Funkgeräten an Klemmen FG.
3. Boschhornleitung an Klemmen „Horn".
4. 12 V Beleuchtungskabel an Klemmen „Bel".
5. 12 V Ladekabel an Klemmen 12 V-L.
6. 4,8 V Ladekabel an Klemmen NG-L.
7. 2 V Ladekabel an Klemmen Pb-L.

B. Betrieb

1. Netzbetrieb:

a) Netzanschluß

Mittels Schukodose 220 V, 50 Per. an Gerätestecker S 1 legen, Hauptschalter U 1 einschalten und Netzspannung am Voltmeter V 1 prüfen.

b) Netzspannungskreise

Durch Einschalten der Hauptsicherungen R 1, R 2, R 3 liegt Netzspannung an Heizgeräteanschlüssen (HG), Steckdose S 2, Funkgeräteanschlüssen (FG) und Transformator TR 1.

c) 12 V Beleuchtung

Wenn das Gerät mit Netzspannung betrieben wird, beachten, daß sich der Kippschalter U 2 in Stellung „Netz" befindet, durch Einschaltung des Selbstschaltereinsatzes R 5 wird Wechselspannung an die Beleuchtungsanschlüsse „Bel" auf Klemmleisten 2 gelegt.

In Stellung „Not" Kippschalter nur dann legen, wenn Gerät nicht an Netzspannung liegt oder diese ausbleibt!

d) 12 V Ladung

Bei Ladung Selbstschaltereinsätze R 4 einschalten. Bei entladener Batterie darf der Strommesser A 1 max. 8 A anzeigen (rote Marke). Während der Ladung zeigt Voltmeter V2 die Ladespannung, sonst die Batterieleerlaufspannung an.

Aus Strom- und Spannungsanzeige nicht auf Ladezustand der Batterie schließen; durch Messung die Säuredichte feststellen!

e) Zusatzgerät

Bei Ladung des Pb Sammlers Selbstschaltereinsatz R 7 schließen und Ladestrom mit Strommesser A 2 prüfen. Bei Ladung des NC Sammlers Selbstschaltereinsatz R 8 schließen und Ladestrom mit Strommesser A 3 prüfen. Bei entladenen Batterien dürfen die Ströme 3,5 A nicht überschreiten (rote Marke).

Die Speisung der Boschhornleitung und der Doppelsteckdose S 3 mit 12 V Batteriespannung erfolgt durch Einschalten des Selbstschaltereinsatzes R 9.

f) Alterung der Gleichrichter

Falls die maximale Ladestromstärke nach häufiger Ladung zurückgeht, Betriebsspannung der Gleichrichter Gl 1 u Gl 2 erhöhen.

Zu diesem Zwecke sind die 4 Befestigungsschrauben des Hauptgerätes (rote Unterlegscheiben) und der Knebel des Hauptschalters zu lösen, die Haube abzunehmen und der Schaltdraht, der an eine der Klemmen 12, 13, 14, 15 V an Klemmleiste 1 geführt ist, auf die nächsthöhere Spannung umzuklemmen. Die Feineinstellung erfolgt durch Verschieben der mittleren Schelle des Widerstandes W 1.

Bei den Gleichrichtern des Zusatzgerätes wird die Ladespannung durch Verkleinern der einstellbaren Widerstände W 2 für Pb Sammler und W 3 für NC Sammler erhöht. Zu diesem Zwecke Haube des Zusatzgerätes, nach Lösung der beiden Befestigungsschrauben und vorherigem Abheben der Haube des Hauptgerätes, abnehmen.

2. Notbetrieb

a) Falls Netzspannung nicht vorhanden, Kippschalter U 2 in Stellung „Not" bringen.

b) Durch Einschalten des Selbstschaltereinsatzes R 4 Batteriespannung an 12 V Beleuchtungsnetz legen.

c) Spannung am Voltmeter V 2 prüfen; wenn der Sammler fast entladen ist, wird die Spannung bei größerer Belastung unter 11 V sinken.

d) Nach vorübergehendem Notbetrieb Kippschalter U 2 wieder in Stellung „Netz" legen.

3. Grenzbetrieb

Abnormale Netzspannung

Die Einstellung des Gerätes auf max. Ladeströme erfolgt bei einer Netzspannung von 220 V. Schwankt die Netzspannung in den Grenzen von 190—240 V (blauer Sektor am Voltmeter V 1), so sind die hierdurch entstehenden höheren Ladeströme zulässig.

IV. Stückliste

Pos.	Kenn-zeichen	Benennung	Sach-Nr.
1	TR 1	Transformator	124 C 229.01—3
2	1	Klemmleiste	124 D 229.01—4
3	2	Klemmleiste	124 D 229.01—4
4	3	Klemmleiste	124 D 229.01—4
5	NA 4 a	Hauptgerät	124 B 229.01/02
6		Erdschraube	M 4x8, Din 84
7	A 1	Strommesser	124 E 229.01—45
8	R 4	Selbstschaltereinsatz	Fl 32 404—2
9	V 2	Spannungsmesser	124 D 229.01—24
10	R 3	Sockelautomat, 2-polig	124 E 229.01—29
11	R 2	Sockelautomat, 2-polig	124 E 229.01—29
12	R 1	Sockelautomat, 2-polig	124 E 229.01—29
13	5	Klemmleiste	124 E 229.01—17
14	NA 4 b	Zusatzgerät	124 B 229.03/04
15	S 3	Doppelsteckdose (Untergruppe)	124 E 229.03 U 2
16	R 9	Selbstschaltereinsatz	Fl 32 404—1
17	A 3	Strommesser	124 E 229.01—45
18	R 8	Selbstschaltereinsatz	Fl 32 404—6
19	A 2	Strommesser	124 E 229.01—45
20	R 7	Selbstschaltereinsatz	Fl 32 404—6
21	W 2	Widerstand	124 C 229.03 U 1
22	W 3	Widerstand	124 C 229.03 U 1
23	S 2	Steckdose Schuko Weißpunkt	124 E 229.01—28
24	U 1	Einbau-Paketschalter	124 E 229.01—25
25	S 1	Gerätestecker	124 D 229.01—3
26	V 1	Spannungsmesser	124 D 229.01—24
27	W 1	Widerstand (Untergruppe)	124 E 229.01 U 2
28	R 5	Selbstschaltereinsatz	Fl 32 404—3
29	U 2	Kippschalter, 3-polig	124 D 229.01—40
30	Gl 1	Gleichrichter	124 E 229.01—8
31	4	Klemmleiste	124 E 229.01—12
32	Gl 2	Gleichrichter	124 E 229.01—8

Anlage 1

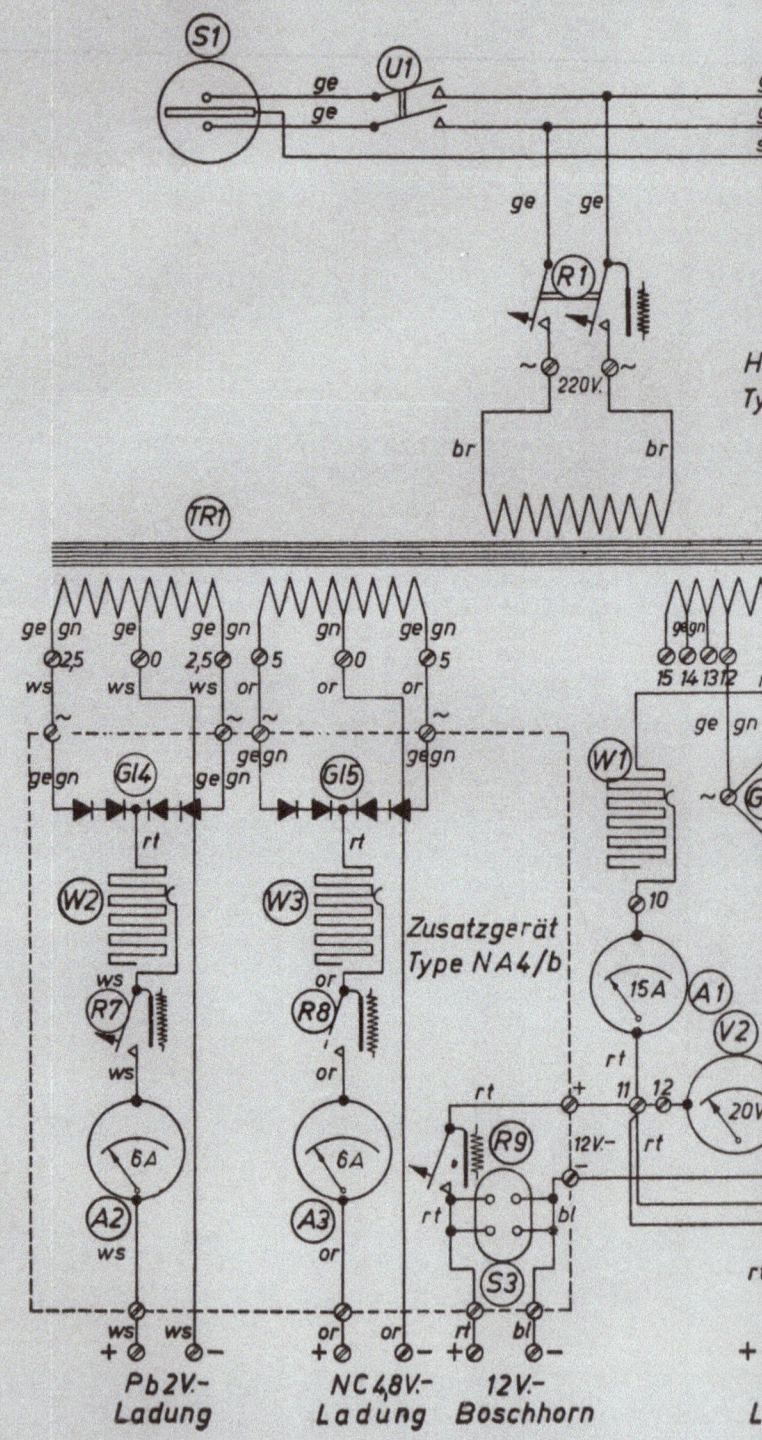

S1

ge
ge

U1

g
g·
sw

ge   ge

R1

~   ~
220V.

br   br

TR1

ge gn ge   ge gn   gn   ge gn
2,5   0   2,5   5   0   5
ws   ws   ws   or   or   or

~   ~   ~
gegn   gegn

gegn   Gl4   ge gn   gegn   Gl5   gegn

rt   rt

W2   W3

ws   or

R7   R8

ws   or

ws   or

6A   6A

A2   A3

ws   or

ws ws   or or   rt bl
+   −   +   −   +   −

Pb2V.-   NC4,8V.-   12V.-
Ladung   Ladung   Boschhorn

Ho
Typ

Zusatzgerät
Type NA4/b

gegn
15 14 13 12 r

ge gn

~   Gl

W1

10

15A   A1

V2

rt   11 12
                20V
12V.- rt

rt   R9

rt   bl

S3

rt

+ ⌀

L

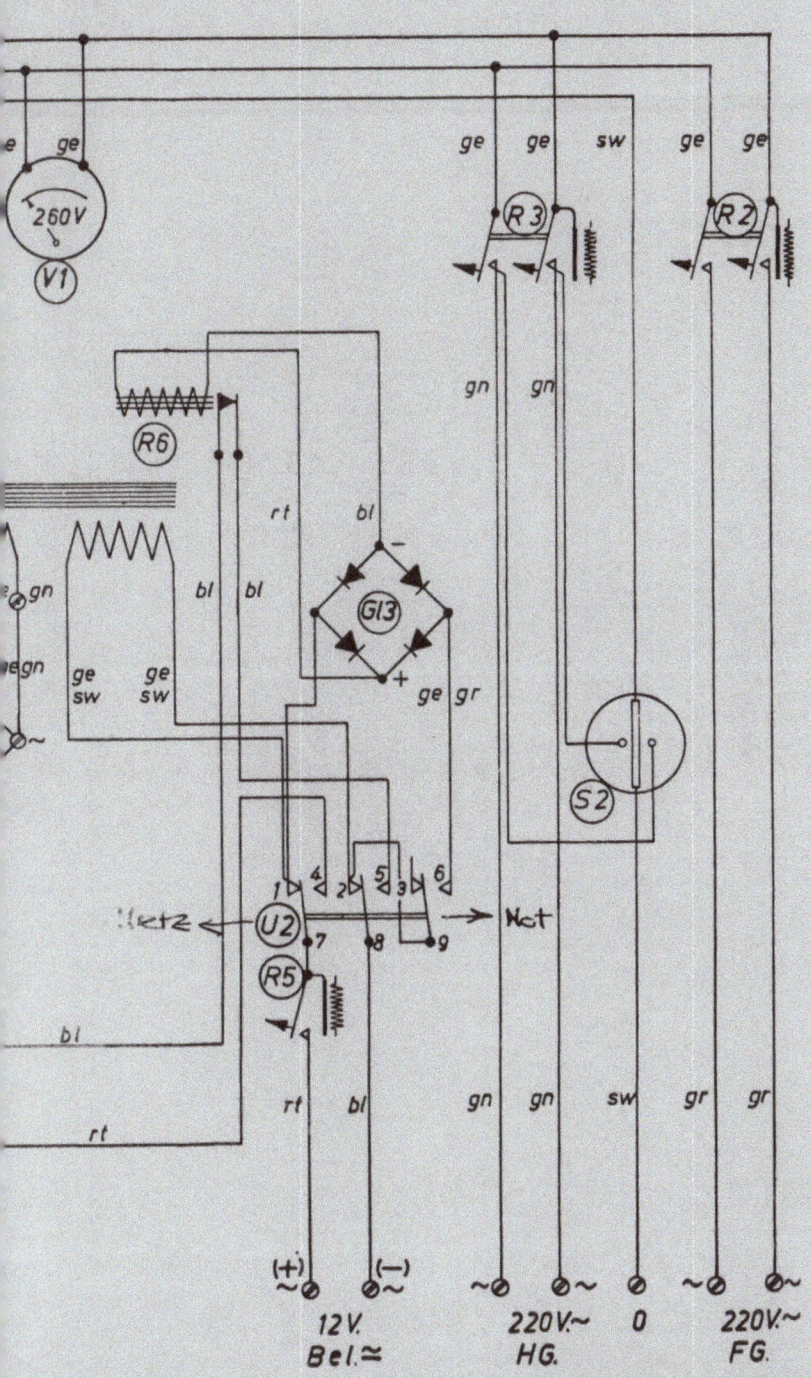